EXLI BRIS

ebook publishing

Jörg Krogull (Hrsg.)

Glatzer Briefe

1945 - 1946

Für Ute und Robert

Bibliografische Information der Deutschen Nationalbibliothek
ISBN: 9783844818314
© 2012 Jörg Krogull (II. Auflage)
Herstellung und Verlag:
Books on Demand GmbH, Nordersted

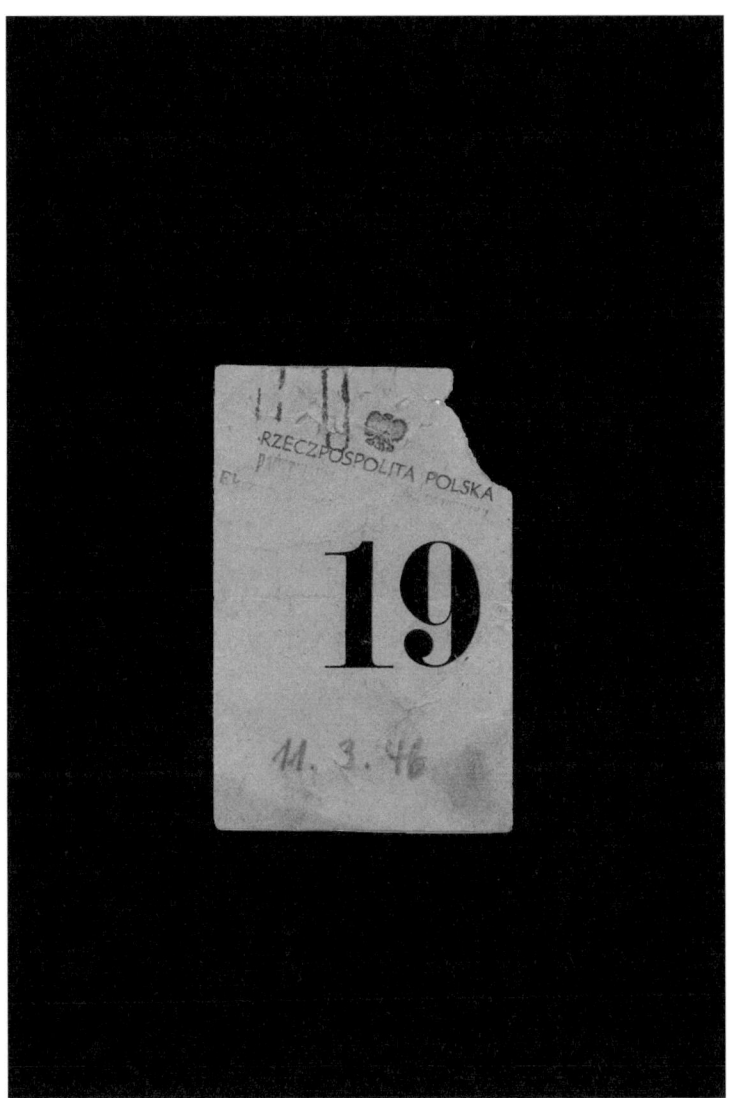

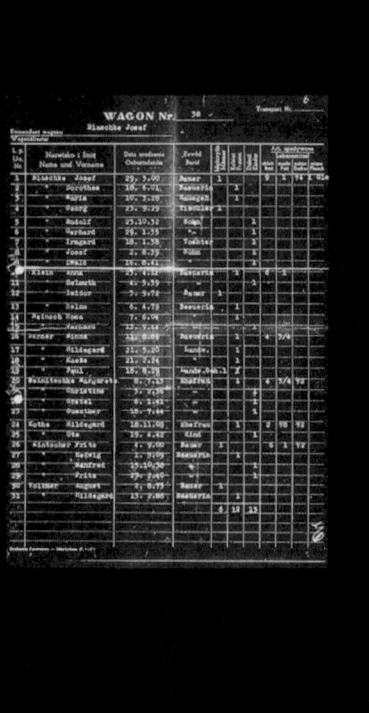

Editorial

Es sind manchmal die eigenartigsten Umstände, die mir Zugang zu bemerkenswerten Quellen erschließen. Dies ist so ein Fall. Ein, im wahren Wortsinn, buchstäblicher Zufall. Basierend auf einem dramatischen und berührenden Briefwechsel, zur Verfügung gestellt von Josef Reimers.

Zum Buch: Überrascht hat auch mich zunächst einmal die Dramaturgie der Briefe, die hier im Originalwortlauf wiedergegeben werden. Auch halte ich es für richtig, allen die daran interessiert sind, eine Dokumentation an die Hand zu geben und diese erschütternden Briefe zur Kenntnis zu überlassen, damit solche Vorgänge nicht in Vergessenheit geraten.

Bitteres Leid und Unmenschlichkeiten wandeln sich bei allen Schmerzen zu Menschlichkeit, Liebe und Hoffnung. Selbst Gelassenheit und Heiterkeit sind zu vermerken. Dann beeindruckt die unglaubliche Energie, bei aller körperlichen Schwäche existenzielle Erlebnisse so detailliert darzustellen und mitzuteilen. Vorwürfe und Verurteilungen kommen dabei gar nicht vor. Eine gewisse Frömmigkeit und ein unerschütterlicher

Glaube - jeder Leser möchte dies bitte auf die ihm eigene Art interpretieren - bestimmen Denken, Schreiben und, soweit möglich, das Handeln.

Weiter stellen die Briefe zusammenhängende authentische Berichte über Vertreibung und ihre Auswirkungen auf eine verzweigte Familie dar. Angehörige, die ihre Heimat verlassen müssen, eine Zeitlang wegen der langen und zum Teil unterbrochenen Kommunikationswege nahezu spurlos verschwinden und sich nach und nach auftauchend wieder finden.

Fraglich ist, ob jemals der geschichtliche Blick auf das Schicksal der Menschen gerichtet wurde, die auf Grund ihrer Schwäche nicht ausgewiesen werden konnten. Letztlich sind diese Briefe konkrete Dokumente einer im Keim bereits angelegten Versöhnung noch im Augenblick tiefster Verletzungen.

Auch viele Jahrzehnte nach den Ereignissen ist es sicher nicht zu spät, die Beteiligten, die unter schwierigsten Bedingungen alte und kranke Menschen versorgten, zu würdigen.

Jörg Krogull

Briefe

Glatz, 15.08.1945

Liebe Erika!

Tausend Dank für Deine guten Wünsche zu meinem Geburtstage. Sie kamen am 2.8. hier an. Mir geht es z.Zt. besser als den Anderen. Nur Josel ist noch wohler. Josef hat sich eine Leberquetschung zugezogen und musste seit dem 4.8. bis gestern im Bett zubringen.

Maria liegt seit dem 4.8. im Krankenhaus. Oma hat am Fuß die Wundrose, die noch nicht weg ist. Luzie musste für die Kranken viel herumlaufen und fast täglich nach Scheibe Maria besuche, das strengt sie auch sehr an.

Nun danke ich auch Oma und Opa Deutschmann für die Geburtstagswünsche von ganzem Herzen, sowie Peter auch für seinen Bericht über S.V. Schlesische Volkszeitung und Vinzenzhaus. Da mir Arm und Hand wieder streikt, muß ich das Schreiben anderen überlassen.

Allen recht herzliche Grüße von Opa Hornig

Klaus, Christa u. Hansel auch vielen Dank und Grüße

Glatz, 03.04.1946

Meine Lieben alle, besonders Du liebe Erika!

Habe herzlichen Dank für Deine Karte, die wir am Sonnabend, den 30.3. erhielten. Wir haben uns sehr gefreut, dass Du gut angekommen bist. Denn unsere Gedanken waren immer bei Dir. Montag, den 25. erfolgte unsere Umsiedlung.

Erst wurde ich hingefahren, dann der Opa in einem alten klapprigen Rohrkrankenstuhl. Luzie und eine junge Frau fuhren uns, ich fürchtete jeden Augenblick umzukippen, aber ich bin doch gut gelandet, und Opa auch. Nun sitzen wir also hier und müssen zufrieden sein. Wir haben ein sehr schönes Zimmer. Bekommen unser Essen. Das besteht aus folgendem: Morgens Kaffee, weiß und trockene Schnitten. Mittags entweder Eintopf, Graupen oder Gemüse, Erdrüben, aber reichlich, oder Suppe und Kartoffeln und ein Schälchen Gemüse. Abends gibt's die gleiche Suppe wie mittags, aber den Teller so voll, dass er überläuft und zwei trockene Schnitten und Tee. Um 2 Uhr eine Tasse weißen Kaffee. Also satt wird man, was will man mehr.

Nur mit uns ist nichts mehr anzufangen. Opa hat das Gleichgewichtsgefühl verloren und will immer fallen, augenblicklich ist er im Garten. Ich gehe an zwei Stöcken, denn ich kann nicht mehr auftreten, das Knie schmerzt zu sehr. Meistens liegen wir im Bett, besonders ich, Opa ist mehr auf, wenigstens am Vormittag, während ich liege. Wir sagen schon, es ist die letzte Station und das wäre gut. Wer weiß, wie lange wir noch hier bleiben werden, das weiß niemand. Ob wir am 17. oder 18. (Goldene Hochzeit) noch hier sein werden? Nun, wir müssen es eben nehmen, wie es kommt.

Jetzt noch von unserer Familie. Dienstag waren alle hier, sich verabschieden. Nachmittags sollte es aufs Finanzamt gehen (Sammelstelle für Vertreibungsstransport) und am Mittwoch sollte die Abfahrt stattfinden, weiteres wissen wir nicht.

Das Wichtigste habe ich Euch ja mitgeteilt und werde nun Schluss machen, nun bleibt weiter in Gottes Hut und seid alle vielmals herzlich gegrüßt

von Oma und Opa

Meine liebe Erika!

Zuerst vielen Dank für Deinen lieben Brief vom 9ten. Wir erhielten ihn schon am 11. Vater ist beruhigt und weiß nun wie es in der S.V. aussieht. Nun herzlichen Dank für Eure guten, lieben Wünsche, wir erhielten sie schon am Montag, ebenso von Martin und Liesel. Opas und Omas (Deutschmann) kamen am Dienstag an. Ich habe aber nicht lesen können, denn mir liefen immer wieder die Tränen.

Auch heute kann ich nicht lesen ohne zu weinen. Nun werde ich Euch erst den Tag* schildern. Um 7 Uhr Hl. Kommunion im Bett, denn das Aufstehen fällt uns schwer. Dann brachte die Schwester uns den Kaffee, unsere gewöhnlichen Schnitten und für jeden einen schönen Striezel und von den Kindern, von Josef geschrieben, einen Brief und einen Blumentopf, das hatte er schon hier hinterlegt. Zu Mittag gab es eine schöne Nudelsuppe mit viel Fleisch und für jeden eine große Roulade und einen Pudding. Am Abend gab es wieder wie gewöhnlich Suppe, trockene Schnitte und Tee, aber für uns jeden ein Ei.

Am Vormittag kam der Herr Pfarrer gratulieren und einige Schwestern und am Nachmittag kam unser Herr Cienskowski und brachte uns einen schönen Kuchen mit. Nun war der Tag still und ruhig zu Ende gegangen. Vater lag den ganzen Tag im Bett. Wie wäre es doch gewesen, wenn die ganze Familie zusammen gewesen wäre. Aber es sollte nicht sein, Gott hat es anders gewollt und wir müssen uns fügen.

Von den Kindern haben wir eine Nachricht am 28ten aus Haynau erhalten, bis dahin war alles gut und sie warteten auf die Weiterfahrt. Weiter wissen wir nichts. Nun werde ich Euch schreiben, was vorher war.

Heute vor 14 Tagen ist unser Opa im Korridor gefallen. Er ging um 6 Uhr das Nachteimerchen ausgießen, das wir im Zimmer haben. Er ist zwei Schritte von der Tür weg und schlägt hin wie ein Klotz, ich aus dem Bett, mach erst die Tür auf und sehe die Füße, ich gleich an die Glocke, aber da sind auch schon die Schwestern da und schleppen ihn blutüberströmt an, setzen ihn vor sein Bett, er sitzt steif und starr da, hat eine 2 ½ cm lange Wunde unweit der Schläfe, Schulter verstaucht und die Hand aufgeschlagen, aber es ist alles gut verheilt, nur sehr schwach ist er. Wenn er sich morgens wäscht, muss er sich zum Abtrocknen schon setzen. Nur gestern war er eine halbe Stunde aufgestanden um ans Hl. Grab zu gehen, als wir zurückkamen, war er schon wieder so schwach, dass er gleich ins Bett ging. Es sind höchstens 20 Schritte bis zur Kapelle.

Eben war die Auferstehung, wir haben ihr von unserem Zimmer aus beigewohnt, denn die Prozession ging durch den Korridor. So, nun haben wir Ostern, aber wir können mit unserem Los zufrieden sein. Wer weiß, wie es unseren Kindern geht und vielen anderen auch. Ich trage wieder meine Gipsschiene, die Frau Keul, die noch einmal da war, gebracht hat. Sonst liege ich auch sehr viel, denn meine Füße schwellen so an, wie es noch nie war. Sonst sind wir zufrieden. Wir haben ein Heim und werden betreut, was will man mehr. Wie lange wir hier noch bleiben, weiß niemand. Ihr drei armen Frauen habt mir leid getan mit Eurem Kartoffelholen. Wie lange lauft Ihr eigentlich, es ist doch ein schönes Stück, nun Ihr habt es aber doch, wenn auch mit großer Mühe geschafft. Nun höre ich auf zu plaudern, seid also Gott befohlen und viel tausendmal herzlich gegrüßt von

Oma und Opa

Glatz, 16.05.1946

Meine liebe gute Erika und lieber Peter!

Unseren herzlichsten Dank für Deinen und Peters
Brief. Wir freuen uns, dass es so leidlich geht. Nun
von uns. Freitag, den 10. mussten wir plötzlich
alle, bis auf die Schwestern, das Hospital verlassen.
Das Haus hat den Polen schon lange gefallen. Nun
hieß es, wir werden wohl bleiben, aber da sieht
man, was man glauben kann. Freitag früh, ca. 9
Uhr, waren die Polen mit Miliz da, nun hieß es
packen und immer unter der Aufsicht der Polen.
Opa konnte sich nicht rühren und ich nicht viel.
Als wir nun unsere Betten so schön gepackt
hatten, kam der Pole und warf alles raus, Betten
dürfen nicht mit, unsere guten Betten. Josefs ganz
neues Deckbett, Opas Daunendecke, meine 2
guten Kopfkissen aus Breslau, alles weg. Opas
warme Nappalederhandschuhe, eine Flasche Eau
de Cologne wurde aus dem Koffer geholt, denn es
wurde alles durchwühlt. Das Mittagessen blieb
auch auf dem Tisch stehen. Opa war schon
draußen, ich wollte noch essen, aber die wollten
schon versiegeln, folglich blieb alles stehen. Die
Sachen lagen im Korridor und wir warteten auf

den Abtransport. Wir kamen ins Sellgitt-Stift. Das musst Du Dir so als Armenhaus vorstellen. Viele Halbidioten drin, wir Bürger-Hospiten fallen auf. Wir sind ihnen auch nicht angenehm. Hier gibt es nur größere Zimmer, deshalb sind wir viele zusammen. Wir waren 30 Personen, die zukamen, 4 Ehepaare, sonst Einzelpersonen, unser Pfarrer Zwiener auch. Ich schlafe bei Männern, da ich doch den Vater betreuen muss. Sonst geht es uns hier nicht schlecht. Das Essen schmeckt uns besser als dort und viel gibt es, Suppen und Brühe, Kartoffeln gibt es immer eimerweise ins Zimmer, d.h. ins Esszimmer. Kartoffeln auf unserem Tisch kommen bei 12 Personen 2 große Schüsseln voll, so groß wie die rote Schüssel, in der Luzie den Kuchen anteigte, aber es wird auch zugelangt, dass man staunt. Es sind ja hier unten die Männer, nur wir 4 Frauen sind da. Aber Herr Reimann und Frl. Rozumek haben sich für uns um ein anderes Haus bemüht und es schien zu klappen, wir beide sollten nach Rengersdorf und zwar in den nächsten Tagen. Wer weiß, wie es dort sein wird. Bald hätte ich vergessen für den süßen Gruß zu danken. Warum, liebe Erika, machst Du Dir solche Ausgaben. Sonntag war Frl. R. bei uns und gab uns das Päckchen. Von Josef und den 3 kam eine Karte aus Lippe, sie sind gut gelandet und haben einstweilen 2 Zimmer. Die haben also ihren Transport hinter sich. Wer weiß, was uns noch bevorsteht. Nun, wir müssen auf Gott vertrauen, er hat so weit geholfen, er wird auch weiter helfen. Vater ist zwar auf, aber er kann fast gar nicht gehen, und mir geht es nicht besser. Meine Schmerzen sind sehr groß, ich krieche nur so rum. Nun mache ich Schluss, behüt Euch Gott und seid vielmals gegrüßt von

Oma und Opa

Meine Lieben Kinder!

Es wird Zeit, dass ich wieder einmal schreibe. Ich sitze im Bett, habe unser Tablett als Unterlage, es wird ja gehen. Wir warten schon lange auf einen Brief von Euch, aber es kommt nichts. Seid Ihr noch dort, und wie geht es Euch? Nun werde ich etwas schildern wie es uns ergeht. Also die ersten 6 Wochen waren ganz leidlich. Nur gesundheitlich bleibt viel zu wünschen übrig. Unseren Jubiläumstag haben wir still und ruhig verlebt, viel an Euch gedacht und viel geweint, die Briefe konnte ich vor Tränen nicht lesen. Früh Kommunion in Bett, Vater den ganzen Tag gelegen, dann brachte die Schwester das Frühstück, Kaffee und trocken Brot wie immer, aber für jeden einen Striezel, Euren Brief und Blumentopf. Von Erika und Deutschmanns alte und junge hatten wir schon Briefe. Erika hat ein schönes Gedicht gemacht. Mittags gab es auch etwas Besseres zu essen. Wir hatten eine schöne Nudelsuppe mit viel Fleisch drin, dann jeder eine große Roulade, viel Kartoffeln, Schotengemüse und einen Pudding. Und abends gab es außer unserer gewöhnlichen Suppe noch ein Ei. Herr Pfarrer Zwiener kann uns besuchen, gratulieren und einige Schwestern. Nachmittags kam her Cienskowski und brachte einen schönen Kuchen mit. Er bekam ein Gläschen Wein und ein paar Kekse. Also ging der Tag still zu Ende. 1 ½ Wochen vorher, also 14 Tage vor Ostern, war Vater im Korridor so hingefallen, 2 Schritte vor unserer Tür, die Schwestern brachten ihn blutüberströmt rein, in der Nähe der Schläfe hatte er sich ein großes Loch geschlagen, alles musste gewaschen werden, Oberhosen, Unterhosen, kurz und gut, alles war beblutet. Seit der Zeit hat er auch immer gelegen. Ich liege auch viel, denn solche Schmerzen habe ich noch nie gehabt, ich kann knapp an 2 Stöcken gehen, und geschwollen sind mir die Beine und Füße, dass man sie nicht ansehen möchte.

Den letzten Stoß hat uns der 10. Mai gegeben. Am Vormittag kamen die Polen und wir mussten sehr schnell raus. Unser bisschen Hab und Gut zusammengerafft, als wir dann fertig waren, kamen die Polen rein. Die Betten aus dem Sack raus, die durften nicht mit, die Koffer ausgekippt und die durchwühlt. Vaters Winterhandschuhe fanden Gefallen. Der sagte, es geht zum Sommer und die braucht er nicht, meine Flasche Eau de Cologne und die beiden Stücke Seife, die mir Luzie noch gab, ließen sie mitgehen. Wir konnten doch nichts machen, wir konnten nicht einmal essen, die Sachen wurden rausgetragen und das Zimmer versiegelt. Das Essen blieb auf dem Tisch stehen.

Nun ging's an den Transport. Es war ein Rollwagen mit zwei schönen Pferden, da kamen unsere Sachen drauf, wer laufen konnte lief, und wir, die wir nicht gehen konnten, wurden raufgehoben und hingefahren, wir fuhren mit der 2. Fuhre. Auf dem Wagen war ein Milizer, der Kutscher ging zu Fuß, so ging's durch die Stadt nach hier. Gern gesehen wurden wir nicht. Wir waren 30-32 Personen, 4 Ehepaare auch die Reimanns und der Pfarrer. Nun hieß es Unterkunft finden, Einzelzimmer gibt es nicht. Reimann wollte uns im anderen Haus unterbringen, aber der Pole, der da wohnt, gibt keine Zimmer ab. Nun standen wir Ehepaare da. Vater kam zu 3 Männern, ich kam die erste Nacht ins Fremdenzimmer, das bewohnt jetzt der Pfarrer, die 2. Nacht schlief ich bei 5 Frauen, da schläft jetzt Frau Töpfer, ist aber den ganzen Tag hier bei uns, weil der Mann hier schläft. Ich bin nun beim Vater und noch drei Männern, Töpfer, Drescher und ein 80jähriger tauber Eisenbahner. Dass wir wegkommen, ich schrieb Euch doch, dass wir nach Rengersdorf oder Urnitztal sollten, aber es wird nichts draus, wer weiß wie lange wir hier nun sitzen werden, ein Transport ist noch nicht in Aussicht, wir kämen ja auch nicht in Frage, wer weiß, was dann mit uns wird.

Die Betreuung ist hier sehr schlecht, ich habe es mit dem Vater schwer, wenn er nicht kann, muss ich da sein und bis ich aus dem Bett komme dauert lange, ich weiß nicht, wie ich vor Schmerzen mein Bein halten soll. Es sind hier 80 Personen und nur 5 Schwestern und 2 Mädchen, und sehr schwer kranke Menschen unten, wo wir sind, sind Männer, meist Halbidioten und 12 Bürgerhospitaliten, das Essen ist sehr reichlich, aber keine Abwechslung. Morgens Kaffee, das Brot mit Undefinierbarem gestrichen, mittags Suppe und viel Kartoffeln und Tunke, es kommt alles eimerweise rein, wer nicht genug hat holt sich mehr, es wird aber auch gefuttert, die Schwester musste schon bei den

Kartoffeln Einhalt gebieten, die alten Männer über 80 essen unheimlich viel. An unserem Tisch sitzen 12 Personen, da kamen 2 solche Schüsseln Kartoffeln auf den Tisch, die Schüssel so groß wie Eure rote Anteigschüssel. Jetzt bekommt nur jeder 5 große Kartoffeln, wenn es nicht reicht auch noch mehr.

Früher gab es keinen Kaffee, da wir aber dort unseren Vesperkaffee hatten, bekommen wir ihn hier auch. Abends gibt es Mehl- oder Kartoffelsuppe, nun satt wird man immer, aber etwas Brot und Butter muss man sich doch kaufen, sonst haben wir gar kein Fett und das fehlt uns so nötig. Frau Gierzalski, die Schwiegermutter der in Scheibe verstorbenen jungen Frau, holt für uns ein, sie kommt jedes Mal fragen, ob ich etwas wünsche, wenn sie in die Stadt geht. Dann ist hier noch ein Herr Schäfer, der mir auch gerne was macht, nur Frau Töpfer ist nicht sehr höflich. Auch Herr Märk greift zu, wenn es nötig ist. Jetzt bedient uns Frau Reimann, eine gesunde flinke Frau, sie ist Mitte 40, gehört ja nicht hierher, aber der Mann hat ja wieder die Geldgeschäfte übernommen, sonst ist er in der Caritas. Die Leute schlafen auch nur im Empfangszimmer auf Sofa und Chaiselongue, aber man ist zufrieden. Reimann möchte jetzt meine Taschenuhr kaufen, aber ich weiß noch nicht zu welchem Preise, er will sich noch erkundigen. Das Geld wird immer knapper, die Erhöhung der Pension 150 die Woche, 600 Umlage für Kartoffeln, es will zu etwas anderem nicht reichen, wir sind bald am Ende. Jetzt ist mit allem Schluss. Jetzt mache ich auch Schluss, denn ich bin schon müde.

Seid als vielmals herzlich gegrüßt von Euren, an Euch stets denkenden Eltern.

Mein lieber Sohn Josef!

Zu Deinem Geburtstage sagen wir Dir die herzlichsten Glück- und Segenswünsche, möge Gottes Segen immer mit Dir sein und dass das neue Lebensjahr nur Gute bringen möchte ist der innigste Wunsch Deiner Eltern.

Dir liebe Maria gratulieren wir auch herzlich und wünschen auch Dir nur alles, alles Gute.

Bleibt alle 4 in Gottes Hut und seid nochmals gegrüßt von Euren Euch stets liebenden Eltern.

Meine lieben Kinder!

Zuerst die traurige Nachricht, dass unser Vater am Sonnabend d. 29.6. Nachmittag 4 Uhr sanft eingeschlafen ist. Ich habe sein Einschlafen nicht bemerkt.

Er wollte immer auf dem Bettrand sitzen, was ich ihm nicht immer erlauben konnte, denn er fiel um und ich konnte ihn nicht aufheben, auch das Aufrichten war schwer, denn ich habe nicht die Kraft auf meinen Beinen zu stehen, ich liege auch den ganzen Tag. Er hatte schon Tage lang nichts gegessen, nur etwas Milch getrunken.

Er bat darum und hat auch morgens und abends seine 2 Tassen bekommen, denn die Schwestern haben 2 Ziegen. Nun war er schon vormittags sehr unruhig und wollt immer sitzen, hielt es aber keine ½ Minute aus. Da stand ich auf und setzte mich an sein Bett, half ihm aber nicht auf, nur mittags diese ½ Minute. Gegessen hat er nichts, er rief aber immer: heiße Suppe, Fleisch und Soße. Nach dem

Essen legt ihn die Schwester mit einem Mann schön trocken und glatt ins Bett und ich legte mich hin und schlief ein, denn ich hatte ein paar Nächte nicht geschlafen, weil Vater mich immer rief.

Um ¼ 4 brachte eine Schwester Kaffee, da saß er wieder so, nicht aufrecht, sondern halb liegend, denn er richtete sich an einem Stuhl auf, der am Bett steht. Ich stand auf, wollte ihn wieder rein legen, er ließ aber den Stuhl nicht los, auch die Beine machte er schwer und ließ sie sich nicht rein legen. So blieb er also sitzen und ich legte mich wieder hin. Die Betten stehen nebeneinander aber ich reiche nicht zu seinem rüber, gucke aber immerfort hin, ob er nicht versuchen wird die Beine reinzunehmen. Aber nein, er saß immer still. Um 5 kam unsere Schwester rein, ich sagte: Sehen Sie doch wieder dieses Gestell. Die Schwester guckt und sagt: Er ist ja tot.

Ich habe also von seinem Einschlafen nichts gehört und gesehen. Er hatte noch die Hand um den Stuhl gekrampft und schlief friedlich, aber mit offenen Augen, wie er schon meistens lag. Die Schwester drückte sie zu und legt ihn zurecht, besprengte ihn mit Weihwasser, das sie sich schon am Tag zuvor hingestellt hatte, wusch ihn, zog ihm eine reines Nachthemd an, schlug ihn in ein Laken und 2 Männer trugen ihn auf der Bahre raus. Ich sehe ihn nicht mehr und auf den Friedhof kann ich auch nicht mit. Er kommt auf den neuen Friedhof in ein Reihengrab. Ich werde es wohl niemals sehen. Wir lassen einen Sarg machen und er soll ruhig schlafen. Gott gebe ihm ewige Ruhe, denn der Tod war eine Erlösung.

Versehen worden ist er Mittwoch und bekam auch gleich die letzte Ölung. Also ist unser Opa nicht mehr und ich bin allein, wer weiß wie lange, und was mir noch bevorsteht. Vater hat nun nichts mehr durchzumachen.

Wir werden wohl auch hier bald raus müssen, denn das Haus haben die Polen auch für alte Leute vorgesehen. Wir sind ja nur noch einige Schwerkranke hier. Der Treck ging Donnerstag nach Pfingsten. Das war wieder ein großes Leben hier und viel Unruhe. Frau Oberin, deren Schwester und Pfarrer Zwiener mussten auch mit. Drescher, dessen Frau noch in Scheib war und ohne Frau fuhr er nicht, und Frau Dr. Fleischer sind noch da, von denen, die noch gehen können.

Fr. Dr. Fleischer wollte mit Drahtschmidt mit, weil sie sich dort anschließen wollte, sie ist mit der Frau verwandt, deshalb hat sie die Erlaubnis bekommen noch zu bleiben. Wir hatten es jetzt sehr gut. Wir waren allein in einem Zimmer und wurden betreut. Reimanns sind auch noch da, denn er arbeitet doch in der Caritas, und die Frau muss im Hospital nähen.

Jetzt erst vielen Dank für Euren Brief, also habt ihr ja die Verwandtschaft beisammen. Sonntag d. 29 kam Herr C. mit einem Brief von Frl. Pawlik, da hatte ich Euren aber schon. Die Woche wollte Herr C. wieder kommen. Er kam gestern Abend und wird für mich Vaters Anzüge verkaufen. Ich wollte schon vorige Woche verkaufen. Drescher hatte auch schon einen Polen bestellt Herr C. bat aber es nicht zu tun, er gibt mir Geld, wenn ich etwas brauche. Nun muss ich aber verkaufen, sonst habe ich kein Geld zur Beerdigung. Wieder bat ich Drescher, der zu mir kam und noch in die Stadt ging, mir einen Polen zu schicken. Während der fort ist, kommt Herr C.

Fragt, was bekommen Sie für einen Anzug, nun ich hörte, wenn es viel ist, sind's 2000, da wird nichts draus, es war noch ein Frl. mit, die sagte, der Anzug muss 4000 bringen, unser guter Herr nimmt alles in Beschlag und wird's für mich verkaufen. Der Pole, der zu Drescher kam, musste wieder abziehen. Herr C. gab mir schon 500 Zl und nahm die Weste mit und wird morgen wiederkommen.

Denn verkaufen will ich, ehe es mir genommen wird und ich brauche ja auch Geld. Herr C. hat mit wieder allerhand mitgebracht, 2. Pfingstfeiertag war er doch da, sagen, dass der Transport ging. Fuhr 2 Tage nach Breslau und kam Donnerstag wieder zu uns, falls wir doch mitfahren, das Geld umzusetzen.

Da brachte er mir aus seinem UNRRA-Paket allerhand mit, ein Paket Haferflocken, das ist so ganzer Hafer mit Zucker, 2 runde Tafeln Zucker, eine Büchse Plumpudding, 1 Stückchen Seife und ½ Butter. Ist das nicht ein feiner Mann! Ich wundere mich überhaupt, dass er immer kommt. Also hat man doch noch gute Freunde. Die Nachricht von Vaters Tod werdet Ihr wohl früher von ihm erhalten haben, als von mir, denn er wollte Euch gleich schreiben, aber auf anderem

Weg durch Frau Leska, die hier ist, wollte er den Brief nach Hirschberg geben, da er einen Freund bei der Kontrolle hat, damit er schnell durchgeht. Frau Leska ist bei Bremen, und kam nun hier zu Besuch. Bei mir war sie nicht. Für heute mache ich Schluss, denn es gibt Abendbrot und ich bin auch müde. Also nun alles Gute und Gott befohlen grüßt Euch herzlich Eure Mutter.

Erika ist den 24sten getreckt mit Eltern und der Jugend.

Meine lieben Kinder!

Es wird wohl Zeit, dass ich wieder einmal schreibe. Ob Ihr meine Briefe bekommt, weiß ich nicht, von Euch bekomme ich nichts. Nur den einen vom 20.5.

Heute habe ich einen Brief von Bernhard erhalten von 12.7 in dem er das Neueste mitteilt. Dass Vater tot ist, habt Ihr doch schon erfahren, und ich bin nun hier im Kloster, denn wir mussten alle wieder raus, wer weiß, ob dies die letzte Station ist. Es ist gut, dass Vater es nicht mehr mitmachen durfte. Ich bin seit dem 4.7. hier. Ich bin ganz gut aufgehoben. Wir sind 3 Frauen in einem Zimmer, ein Fräulein von 72 Jahren und eine Frau von 83 Jahren. Das Frl. kann auch nicht gehen und die 83jährige macht uns viel, die ist rüstiger, als mancher junge Mensch. Ich werde von einer Roten Kreuzschwester betreut. Zum Betten setzt mich die Schwester auf einen Stuhl und die Beine auf eine Bank, und dann krabbele ich wieder rein. Das Schlimme ist, dass ich immer Durchfall habe und so oft auf den Schieber muss. Mein ganzer Körper ist bis zur Brust geschwollen, der Arzt meint es ist Wasser. Er weiß mit mir nichts anzufangen, auf Spritzen reagiere ich nicht. Mit dem schwarz gewordenen Knie ist auch nichts zu machen, also muss ich alles geduldig ertragen, bis der Tod mich holt. Wenn wir nur hier bleiben könnten und nicht noch einmal weg müssten. So, dies wäre von mir. Wer sich noch um mich kümmert ist der Herr Cienskowski. Sonntag vor 3 Wochen war er mit seiner Mutter, die 3 Tage auf Besuch war hier, die wollte mir durchaus Visite machen. Ich habe mich auch riesig gefreut, sie war wohl 1½ Stunden da, den schönen Sonntagnachmittag. Viel mitgebracht haben sie mir wieder. Wohl ein gutes Pfund Sauerkrischen, 1 Tasse Schmalz, ein Schächtelchen Gelee (Jam), ein paar Kekse, ich habe mich sehr gefreut , und Geld für den noch nicht verkauften Anzug. 1500 Zl habe ich jetzt, Pension habe ich in den 4 Wochen nur 20 Zl bezahlt, wer nichts hat, zahlt nichts. Montag fuhr der Herr in Urlaub und schickte mir Sonntag ein Frl. mit einigen Sachen aus seinem UNRRA Paket. Ist das nicht sehr aufmerksam? Wie kommt er wohl dazu. Unsere 83jährige Frau holt ein, ich hoffe mir helleres Brot zu bringen, auch Semmel, etwas Butter, auch mal ein Stückchen Wurst, das teile ich dann mit dem Frl. das hat nichts, die Frau hat noch, aber nicht Kostgeld zu zahlen. Das Frl. ist eine Tochter von einem Arzt in Landeck gewesen, in Rengersdorf haben sie ein Gut gehabt, und die Verwandten sind tot. Folglich ist sie auch hier frei. Dass Maria sich mit Dr. K. getroffen hat, schrieb B. Wenn von Euch doch auch ein Brief kommen möchte, wie es Euch geht. So, nun mache ich Schluss, bleibt Gott befohlen und seid

ganz herzlich gegrüßt von Eurer Mutter.

Glatz, 16.08.1946
Minoritenkloster

Meine lieben Kinder!

Marias lb. Brief vom 23.7. und Josefs Karte vom
11.7. mit vielem Dank erhalten. Das war die erste
nähere Nachricht von euch. Wie ich lese geht es
Euch ja leidlich, und darüber freue ich mich. Ihr
könnt ja sogar Reisen machen, folglich muss das
alles nicht weit sein. Ich wünsche nur, dass Ihr
gesund bleibt, und ruhig weiterleben könnt. Nun
wieder von mir. Seit dem 4.7. bin ich nun hier. Es
war wieder ein Rauswerfen und ein beschwerlicher
Umzug. Gut, dass ihn Vater nicht mehr
mitmachen durfte. Was die Verpflegung angeht,
geht es mir sehr gut. Ich werde auch etwas
besonders behandelt, da ich als schwer krank gelte.

Gehen kann ich gar nicht mehr, ich liege den
ganzen Tag im Bett und werde von einer lieben
Schwester und einer Roten-Kreuz-Schwester
betreut. Unsere Schwester tut mir nur Gutes, so
gut habe ich es gar nicht verdient. Ich kann nicht
genug danken, für all die Mühe und Guttaten.
Hoffentlich bleibt dies meine letzte Station. Mein

Körper ist ganz geschwollen, mein Bauch ist unnatürlich und macht mir viel Beschwerden. Die Beine sind ebenso dick, auch die Hüften. Das Knie schmerzt sehr und ist krumm geworden. Der Arzt kümmert sich gar nicht um mich, er guckt nicht einmal rein. Es muss wohl auch nichts zu machen sein. Heute habe ich die Hl. Ölung bekommen, aber so fühle ich mich noch nicht. Nun, mir wäre lieb, der Tod käme bald, man kommt sich doch selbst überflüssig vor.

Wie ich Euch ja schrieb, hat unser Herr Cienskowski uns und mich immer fleißig besucht. Jetzt ist er noch auf Urlaub, und will, wenn er wieder zurück ist mich wieder besuchen. Das wäre so das Neueste, das ich zu schreiben wüsste. Ich bin schon wieder müde vom Sitzen und mache deshalb Schluss. Bleibt also weiter Gott befohlen, und seid vielmals gegrüßt von

Eurer Oma

Habt Ihr schon Nachricht von Erika? Grüßt doch bitte die Hamelner, und Dr. Kielholz von mir. Das deutsche Geld, das bleiben sollte, wünschte der Vater unter die Enkel zu teilen. Gruß Mutter

Grüß Gott sehr verehrtes Fräulein Hornig!

Sie werden mich wahrscheinlich nicht kennen, wohl aber Ihr geistlicher Bruder. Ihre gute Frau Mutter liegt seit einigen Wochen, seitdem das Sellgittstift geräumt wurde in unserem Minoritenkloster. Sie ist jetzt gänzlich ans Bett gefesselt. Wahrscheinlich wird sie der Herrgott heimholen, ehe die Transportmöglichkeit mit einem geeigneten R-K-Zug gegeben wäre. Ihre Mutter trägt ihr Leiden sehr ergeben. Sie freut sich auf den Himmel. Unserer Franziskanerinnen pflegen sie mit viel Liebe und Umsicht. Sie dürfen in jeder Weise beruhigt sein. Der himmlische Vater sorgt auch immer wieder fürs tägliche Brot.
Frl. Rozumek hätte gern auch einige Zeilen beigefügt. Doch sie ist zur Zeit ernstlich erkrankt. Vermutlich Lungenentzündung. Sie lässt Sie und Ihre Angehörigen bestens grüßen. Mit vielen Wünschen und Heimatgrüßen bin ich

Ihre Magdalene Klar

Lieber Herr Dr. Hornig,

vorgestern kam Ihr Brief mit der Einlage für Ihre Frau Mutter. Wir danken Ihnen beide herzlich dafür. Ihre Frau Mutter hat auch die Briefe Ihrer Schwestern, Ihres Bruders und den von Kindern und Enkeln gemeinsam geschriebenen erhalten und über alle eine große Freude gehabt. Sie selbst ist zur Zeit leider nicht imstande zu schreiben. Alle Gliedmaßen mit Ausnahme des Oberkörpers und der Oberarme sind stark geschwollen und bereiten ihr bei einer Berührung arge Schmerzen. Die Ärmste hat viel auszustehen, aber sie trägt ihr Kreuz mit einer bewundernswerten Geduld. Die Schwestern suchen ihr soweit wie möglich Erleichterung zu verschaffen und auch die lieben Zimmergenossinnen umgeben sie mit Liebe. Ihr Appetit ist noch ganz ordentlich und zum Glück ist auch meist etwas Gutes da. Herr C. betreut Ihre liebe Mutter wie ein Sohn. Er bringt ihr oder schickt ihr Butter, Kakao, Gelee, Obst und manche Köstlichkeit aus den UNRRA-Sendungen.

Das freut uns alle sehr. Als er neulich Besuch von seiner Mutter hatte, kam er mit der alten Dame, um sie Ihrer Mutter vorzustellen. Das ganze Haus nimmt herzlichen Anteil am Ergehen Ihrer lieben Mutter und wir alle erbauen uns an der schönen Gelassenheit und Zuversicht, mit der sie dem Hinübergang in die ewige Heimat entgegensieht. Sie spricht viel von Ihrem Herrn Vater und freut sich auf das Wiedersehen im Himmel.

Frau Witt und Kolbes sind noch in Glatz. Dr. Dedeks fuhren über Br. ins Reich und sind schon bei ihren Verwandten in Norddeutschland gelandet. Herr Witt arbeitet in Frkf. a/M als Syndikus, Frau Fussel ist, wenn ich nicht irre, bei ihrer Schwester in Höchst oder Offenbach. Von ihrem Mann fehlt immer noch jedes Lebenszeichen.

Pfarrer Fritsch weidet immer noch den Rest der Herde in Zimpel. Er war vor 14 Tagen hier, um mir die heilige Ölung zu spenden. Aber an diesen Tagen fange ich wieder an aufzustehen. Der erste Gang gestern aus dem Zimmer galt Ihrer lieben Mutter, die ja mit uns auf dem gleichen Flur wohnt. Da ich noch den Hauptteil des Tages am und im Bett sitze, müssen Sie die Schrift entschuldigen bitte.

Alle Bekannten erwidern Ihre Grüße herzlich. Sie werden inzwischen schon das Schlösschen aufgegeben haben und in Warendorf eingezogen sein?

Gute Wünsche zum Beginn des neuen Amtes! Viele Grüße an Ihre Schwestern! Bleiben sie Gott befohlen.

Ihre A. Rozumek

Liebe Frau Reimers!

Bin nun auf der Rückreise und will Ihnen Bericht erstatten, denn ich hatte einesteils das Glück mit einem Waldenburger Transport und somit mit meinen Eltern und den Kindern meines Bruders wegzufahren, aber andererseits bleibt der Transport in der russischen Zone, und ich bin gezwungen die 14 Tage Quarantänelager mitzumachen. Wie ich dann wieder zu Ingrid kommen werde, bleibt auch noch ein Problem. Na die erste Halbzeit habe ich hinter mir.

Zunächst soll ich Ihnen allen herzliche Grüße von Ihrer Mutter bestellen. Sie war hocherfreut als ich bei Ihr erschien. Nun liebe Frau Reimers war Ihre Mutter sehr krank, ich war überrascht über ihr Aussehen. Sie war derart geschwollen, die Beine und der Leib besonders, es war alles Wasser, wie mir die Schwester sagte. Denn zufällig pflegte Schwester Elia, Ingrids Kindergartenschwester,

Ihre Frau Mutter. Es wurde täglich schlimmer und Dr. Drahtschmidt unternahm schon nichts mehr, bei meinem letzten Dortsein vor 14 Tagen sagte mit Schwester Elia, dass sie täglich mit dem Ableben Ihrer Frau Mutter rechneten. Sie hätte auch große Schmerzen zu ertragen und trotzdem hörte man sie nie klagen.

Nun meinte ihre Frau Mutter zu mir, ihre letzte und einzige Freude wäre gewesen, wenn ich Sie, liebe Frau Reimers, mitgebracht hätte, Sie noch einmal wiederzusehen, war ihr großes Verlangen. Es wollte ihr nicht in den Kopf, dass Frau Leska und ich zurückgekommen waren und sie nicht.

Übrigens lag Ihre Mutter nicht mehr in der Querstr. Sondern im Minoritenkloster. Die Verpflegung ließ ja zu wünschen übrig, aber Herr Ciezkowski bemüht sich wirklich sehr um ihre Frau Mutter. Er schickt mehrmals in der Woche mit dem Haushälter vom Konvikt Essen hin, außerdem stattet er selbst sehr oft einen Besuch ab. Auch in anderer Hinsicht bezüglich ärztlicher Hilfe usw. kümmert er sich. Von Ihrem Herrn Vater hat er für 4000 Zloty einen Anzug für sich persönlich abgekauft. Jedenfalls hat mit Ihre Frau

Mutter ganz besonders ans Herz gelegt, dass ich Ihnen ausrichten möchte, dass sie an Herrn Ciezkowski schreiben und sich für all die Mühe bedanken möchten, sein Verhalten wäre sehr rührend gewesen.

Er sitzt oft ganze Nachmittage an ihrem Bett und unterhält sich mit ihr. Er hat inzwischen auch gut Deutsch gelernt.

In ihrer Wohnung war ich auch, es ist alles noch unverändert und vor allem sehr sauber. Im Juni hatten sie doch bei Herrn Ciezkowski eingebrochen, dabei ist das Schloss des Bücherschranks etwas beschädigt worden und die Brücke unter den Sesseln fehlt. Sonst hätten sie nur persönliche Sachen gestohlen.

Nun noch etwas von Ihrem Herrn Vater. Ihre Mutter hat damals neben ihm gesessen und nicht bemerkt als er für immer einschlief. Er ist auf dem neuen Friedhof in ein Massengrab gekommen.

Sonst sind alle anderen in Glatz noch da, die damals zurückgeblieben sind, es ist zwar nur ein kleiner Bruchteil. Schön wäre es nicht mehr dort zu leben. Für heute wäre das alles, man hat hier keine Rechte Ruhe zum Schreiben. Ich hoffe in 10 Tagen wieder in Andrup zu sein.

Es tut mir ja leid, Ihnen keine bessere Nachricht mitteilen zu können. Beste Grüße auch von meinen Eltern ans Sie alle von

E. Keul

Lieber Herr Dr. Hornig,

vor 3 Wochen schrieb ich Ihnen einen Brief mit einigen Einzelheiten über das Befinden Ihrer Frau Mutter. Heute habe ich die schmerzliche Aufgabe, Ihnen zu sagen, dass Ihre liebe Mutter in den Morgenstunden des heutigen Tages heimgegangen ist.

Sie ist erlöst, dürfen wir sagen, denn sie hat arg leiden müssen in den letzten Wochen, so dass sie den Tod - bei aller Geduld und Tapferkeit - als Erlösung ersehnte. Sie ging im in vollkommener Ruhe entgegen, ja zuweilen fast mit Heiterkeit. Ihr letztes Wort gestern zu Sr. Sybilla, die sie pflegte, gibt davon Zeugnis: „Ich gehe in den Himmel. Wenn es dort so schön ist, hole ich Euch alle nach". Es darf Ihnen ein Trost sein, dass Ihre Mutter mit aller Sorgfalt und Hingebung gepflegt worden ist. Sie hat ihre Dankbarkeit dafür auch selbst öfter ausgedrückt. Wir alle hatten sie liebgewonnen. Ich werde nicht das letzte liebe

Lächeln vergessen, mit dem sie mich vorgestern Abend noch begrüßte. Gestern konnte sie meist die Augen nicht mehr recht öffnen. Sr. Sybilla (eine Franziskanerin aus Scheibe) wachte die ganze Nacht bei Ihr. Um 4 Uhr in der Frühe ist sie entschlafen - im Frieden des Herrn.

Es wird für ein würdiges Begräbnis gesorgt. Das Grab wird nicht weit von dem Ihres Herrn Vaters, in der gleichen Reihe, sein.

Lassen Sie mich Ihnen und Ihren Geschwistern meine herzliche Teilnahme aussprechen, auch im Namen meiner Mutter und allen, die sie hier kennen. Wir fühlen mit Ihnen

Ihre Angela Rozumek

(Nachtrag 24.09.1946)

Heute Morgen hat mit Sr. Sybilla noch einige schöne Züge aus der letzten Lebenszeit Ihrer Frau Mutter erzählt. Wie sie trotz ihrer Schmerzen nicht den Humor und die Teilnahme für ihre Umgebung verlor. Noch etwa vor 4 Wochen hat sie in ihrem Zimmer eine Kaffeetafel gehalten, den Kaffee (echten!) und Kuchen spendiert und mit Frl. Weese und Frau Höhendorf, den beiden Zimmergefährtinnen sonntäglich gefeiert.

Eigentlich sollte es Torte geben, aber die war nicht aufzutreiben! Vor 10 Tagen hat sie sich ein Kalbsschnitzel braten lassen und es mit 2 Klößen voll Appetit verzehrt - und Frl. W. und Frau H. mussten mithalten. Da sie noch über Geldmittel verfügte und da außerdem Herr C. immer wieder etwas Gutes brachte oder schickte, hat sie ernährungsmäßig bis zum Schluss keinen Mangel gelitten.

Sr. Sybilla meint, sie habe keinen Tag vorüber-gehen lassen, ohne herzlich ihre Dankbarkeit für die Pflege auszusprechen. Am letzten Tag hat sie nicht mehr sprechen können, aber doch immer noch durch Nicken mit dem Kopf zu erkennen gegeben, dass sie verstand, was Sr. Sybilla zu ihr sprach. Sie haben viel miteinander gebetet. Stoßgebete. In den Wochen vorher sagte mir ihre Mutter einmal, - mit der schönen Offenheit, die sie auszeichnetet – „Lange hintereinander beten kann ich nicht, dass muss der Herrgott verstehen; aber ich sage oft ein Stoßgebet"

Ihr letztes Wort (vom Himmel, in den sie alle nachholen wollte, wenn es „schön" dort sei) habe sie mit einem Lächeln gesprochen und mit einem leisen Lächeln auch sei sie in der Frühe entschlummert.

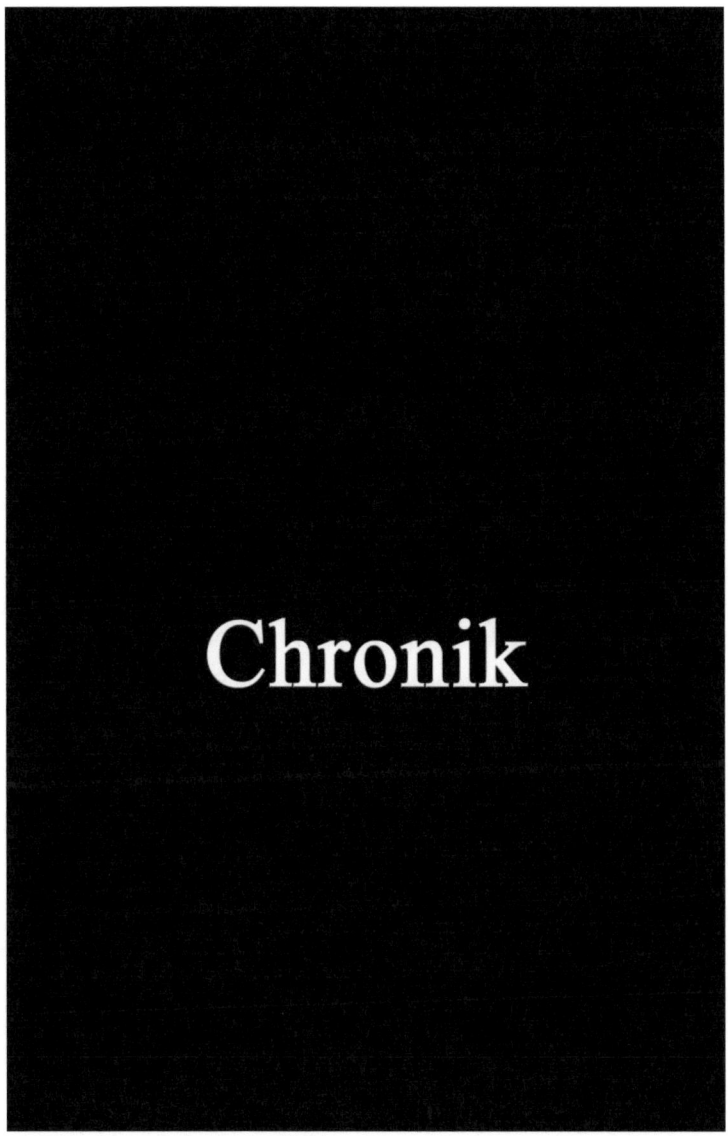

Chronik

Zur Einordnung der Personen und Briefe: Ende Januar 1945 fliehen *Paul und Auguste Hornig* und Tochter *Maria* aus Breslau und *Luzie* und *Josef* Reimers aus Oppeln vor der russischen Front nach Glatz zum geistlichen Studienrat *Dr. Josef Hornig*, dem Sohn. Sie wohnen dort in der geräumigen Etagenwohnung des 1881 erbauten Hauses in der Böhmischen Str. 39.

Erika Hornig lebt mit *Peter, Claus, Christa* und *Hans* in Breslau - Zimpel in der Nachbarschaft ihrer alten Wohnung am Möwenweg. Auch Erikas Eltern *Deutschmann*, ihr Bruder und dessen Frau sind in Breslau. Ihr Mann *Hans Hornig* (Sohn) ist in britischer Gefangenschaft. Sie kommen nach Handorf bei Münster.

Sohn *Bernhard* und seine Frau *Irmgard* werden von Striegau nach Hameln vertrieben.

Am 26.03.1946 beginnt die Vertreibung von *Maria, Josef, Luzie* und *Josel*. Sie landen am 1. April in Bösingfeld im Land Lippe. Am Tag zuvor werden *Auguste* und *Paul* im Glatzer Bürgerspital untergebracht und sie sehen Familienangehörige zum letzten Mal. *Auguste* ist schon viele Jahre stark gehbehindert* *Paul* hat Schüttellähmung**, seit Sommer 1945 ist bei ihm ein deutlicher körperlicher Verfall festzustellen. Eine Zeitlang verweigert er das Essen, er verkraftet nicht den Verlust seiner Breslauer Wohnung, seiner ehemaligen Arbeitsstätte (Schlesische Volkszeitung), seines Besitzes und seiner vertrauten Umgebung sowie des Vinzenzhauses, einer bischöflichen Bildungs- und Gaststätte mit Saal und Garten, über die ihm die Aufsicht übertragen worden war. Beide sind nicht transportfähig und werden auf einen Krankentransport vertröstet. Am 17. April 1946 haben sie ihre Goldene Hochzeit.

Herr *Ciezkowski* (in den Originaldokumenten teilweise unterschiedlich geschrieben, ausgesprochen „Tschienskowski") bewohnt seit Winter 45/46 die Hälfte der Wohnung in der Böhmischen Straße. Er hat die deutsche Kriegsgefangenschaft als polnischer Offizier 1939 bis 1945 überlebt, unverheiratet, Verwaltungsbeamter. Mit der politischen Entwicklung in Polen ist er nicht einverstanden. Erscheint am 27.03. zum Abschied auf dem Glatzer Bahnhof und erklärt. Dass er am liebsten mitfahren möchte.

Frau *Keul* wohnte mit Tochter *Ingrid* in der obersten Wohnung in der Böhmischen Straße. Ist couragierte Kriegerwitwe und so mutig 1946 nach der Vertreibung ins Emsland noch einmal nach Schlesien zurückzukehren.

Frau *Dr. Angela Rozumek*, Kollegin von *Josef Hornig*, Religionswissenschaftlerin. Hat später im Westen zahlreiche Veröffentlichungen, u.a. über Hildegard von Bingen.

Luzie Pawlik, Kollegin von *Josef Hornig* und Freundin der Familie. Stammt aus Ostoberschlesien und spricht polnisch. Lebt mit ihrer Schwester im Oldenburger Land.

* Evtl. Knochentuberkulose als Folge einer früheren TBC Infektion.

** Evtl. parkinsonoide Bewegungsstörungen.

Dokumente

Die Bevölkerung der Ostgebiete des Deutschen Reiches wurde in den Jahren 1944 bis 1949 durch die Flucht vor der Roten Armee und die Vertreibung der Deutschen sowie die Neuansiedlung von Polen, Ukrainern und Lemken beziehungsweise Russen fast vollständig ausgetauscht. Ein Teil der Neuangesiedelten (zwischen 1,4 und 1,9 Millionen Polen) war im Rahmen der Westverschiebung Polens und, im Fall der Ukrainer und Lemken, der *Aktion Weichsel* aus ihrer weiter östlich gelegenen Heimat vertrieben worden. Die Provinzen wiesen folgende Zahlen auf:

Ostpreußen: 2.209.200 Vertriebene

Schlesien: 3.587.300 Vertriebene

Pommern: 1.761.700 Vertriebene

Ost-Brandenburg: 597.500 Vertriebene

Insgesamt mussten 8.155.700 Deutsche die Ostgebiete verlassen. Knapp sieben Millionen von ihnen flüchteten nach Westdeutschland und in das Gebiet der ehemaligen DDR.

Schätzungsweise rund zwei Millionen Deutsche sind durch Flucht und Vertreibung ums Leben gekommen, insbesondere in Ostpreußen, Pommern und Ostbrandenburg.

Heute (2012) leben in den Ostgebieten noch etwa 400.000 Deutsche, hauptsächlich in Oberschlesien. Sie wurden bis zum Zerfall des kommunistischen Systems diskriminiert.

Nach 1990 bekamen viele Gemeinden in Oberschlesien deutschstämmige Bürgermeister, auch deutsche Schulen wurden dort - zumeist dank deutscher Finanzierung - errichtet. Im Januar 2005 hat der polnische Sejm ein Minderheitengesetz verabschiedet, wonach in etwa 20 Gemeinden in Oberschlesien mit mehr als 20% deutschsprachigem Bevölkerungsanteil zwei-sprachige Ortsschilder aufgestellt werden können und Deutsch als Verwaltungshilfssprache eingeführt werden kann.

Befehl.

Laut Anordnung der Regierung der Republik Polen hat die gesamte deutsche Bevölkerung das polnische Staatsgebiet zu verlassen. Vorgeschrieben ist das deutsche Gebiet über Görlitz an der Neiße. Der Weg geht über Frankenstein—Reichenbach—Schweidnitz—Striegau—Jauer—Goldberg—Löwenberg—Lauban—Görlitz. Bei Verlassen des polnischen Staatsgebietes dürfen nur 20 kg Gepäck mitgenommen werden.

Alle Personen, welche dieser Aufforderung nicht nachkommen, werden mit Gewalt entfernt.

Diejenigen Personen, die im Besitz einer Bescheinigung des Bevollmächtigten der polnischen Regierung sind, werden vom Verlassen des Gebietes befreit.

Bis zum 30. Juni 1945, mittags 12 Uhr muß der Befehl ausgeführt sein.

Glatz, den 29. Juni 1945.

Der Bevollmächtigte
der Polnischen Regierung
für den Bezirk XXIV
in Glatz

Die Kommandantur
des Polnischen Heeres
in Glatz

Druckerei-Genossenschaft Glatz

An

dio Bevoelkerung Niederschlesiens

u. der Brandenburger Südgebiete!

Die urslavischen von Polen durch den germanischen, imperialistischen Drang abgerissenen Gebiete sind dank dem siegreichen Vordringen der verbündeten Roten Armee sowie der heldenhaften Polnischen Armee für die Heimat zurückgewonnen.

Auf Grund einer Bestimmung des Ministerrats der Republik Polen übernehme ich die Staatsverwaltung auf diesen reinslavischen, zurückeroberten Gebieten.

Ich fordere die Bevölkerung zur loyalen und restlosen Unterordnung allen Verfügungen der polnischen Verwaltung sowie zur strikten Befolgung und Ausführung sämtlicher Anordnungen auf.

Jeder aktive sowie passive Widerstand wird mit Gewalt gebrochen und die Schuldigen werden nach den Bestimmungen des Kriegsrechts bestraft.

Die mit Gewalt u. Hinterlist germanisierte slavische Bevölkerung wird von mir betreut und ihr die Möglichkeit gegeben, zum Polentum zurückzukehren, für das die besten Töchter und Söhne dieser urslavischen Gebiete geblutet haben.

Der Beauftragte der Republik Polen
für das Verwaltungsgebiet Niederschlesien

Mgr. STANISLAW PIASKOWSKI

Im April 1945.

Persönlich abgerissen im Liegnitz am 6. Mai 1945 ...

Anordnung
An die deutsche Bevölkerung

Wegen sich in den letzten Tagen häufig wiederholten Fällen von Sabotage durch einzelne verantwortungslose deutsche Bürger ordne ich zur Verhütung obiger Fälle folgendes an:

a) Es wird verboten, an öffentlichen Stellen die Hände in der Tasche zu halten. Auf diejenigen, die sich obiger Bestimmung nicht fügen, hat die Miliz das Recht ohne Anruf zu schießen.

b) Es wir verboten, sich gruppenweise zu sammeln und zu mehr als 2 Personen zu gehen.

c) Ausgehverbot von 22 – 6 Uhr.

Wer gegen diese Bestimmung handelt, wird mit Todesstrafe oder schwerem Arbeitslager bestraft.

Obige Anordnung tritt in Kraft mit dem Tage der Bekanntmachung.
Gryforoga, dnia 14. 9. 1945.*)   *) *Greifenberg Kreis Löwenberg*

WAGON Nr. 38

Blaschke Josef

Transport Nr. ____

Komendant wagonu
Wagenältester

L.p. Lfd. Nr.	Nazwisko i imię / Name und Vorname	Data urodzenia / Geburtsdatum	Zawód / Beruf	Mężczyźni / Männer	Kobiety / Frauen	Dzieci / Kinder	Art. spożywcze / Lebensmittel			
1	Blaschke Josef	29. 3.00	Bauer	1			9	1	74	1 01
2	" Dorothea	10. 6.01	Bäuerin		1					
3	" Maria	10. 3.28	Kollegen		1					
4	" Georg	23. 9.29	Tischler	1						
5	" Rudolf	23.10.32	Sohn			1				
6	" Gerhard	29. 1.35	"			1				
7	" Irmgard	18. 1.38	Tochter			1				
8	" Josef	2. 8.39	Sohn			1				
9	" Ewald	16. 8.41	"			1				
10	Klein Anna	23. 4.12	Bäuerin		1		6	2		
11	" Helmuth	4. 5.39				1				
12	" Isidor	5. 9.72	Bauer	1						
13	" Selma	6. 4.79	Bäuerin		1					
14	Meinsch Rosa	7. 6.04			1					
15	" Gerhard	13. 9.44				1				
16	Jörner Minna	11. 8.09	Bäuerin		1		4	3/4		
17	" Hildegard	21. 5.20	Landw.		1					
18	" Käte	21. 2.24			1					
19	" Paul	18. 8.28	Landw.Geh.	1	1					
20	Woinitschke Margarete	8. 7.13	Ehefrau		1		4	3/4	72	
21	" Christine	3. 2.38				1				
22	" Gretel	6. 1.41				1				
23	" Guenther	18. 7.44				1				
24	Kothe Hildegard	18.11.09	Ehefrau		1		2	78	72	
25	" Ute	19. 4.42	Kind			1				
26	Lintscher Fritz	4. 9.00	Bauer	1			6	1	72	
27	" Hedwig	1. 5.09	Bäuerin		1					
28	" Manfred	19.10.38	"			1				
29	" Fritz	27. 2.40	"			1				
30	Volkmer August	2. 8.79	Bauer	1						
31	" Hildegard	13. 2.88	Bäuerin		1					
				6	12	13				

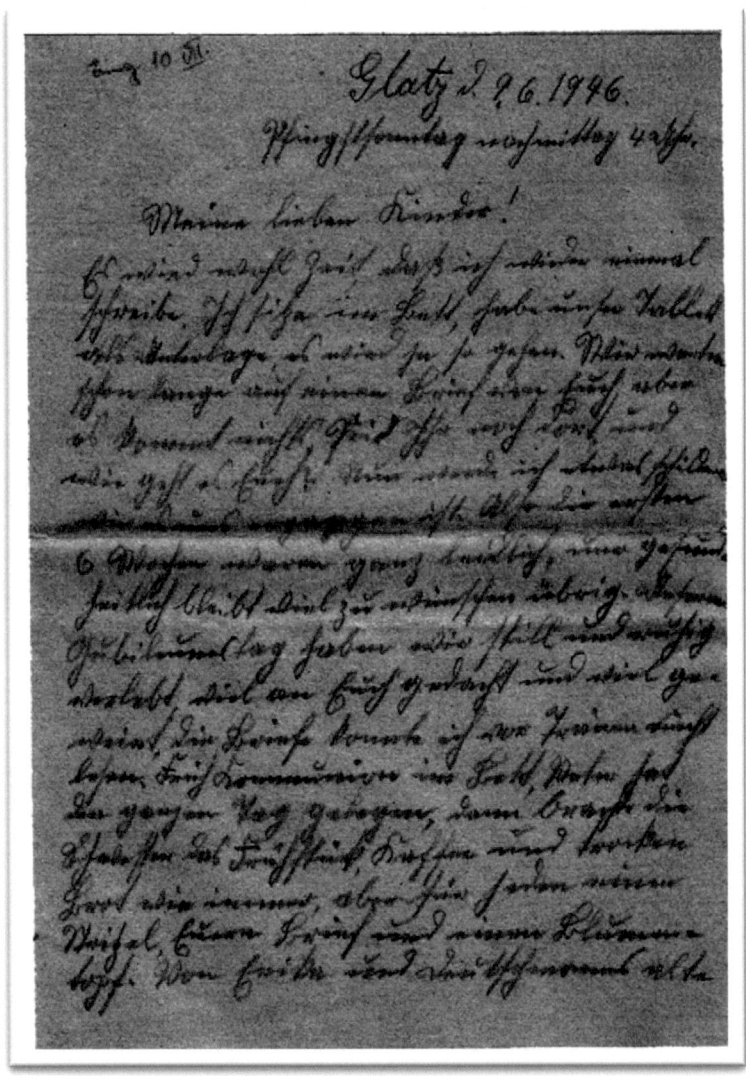

Briefseite von Auguste Hornig / 1946

Geehrte Doktor!   16.1X. 1946.

To day I pay a visit your mother. Now she is more ill then, befor some days. I have red they your letter to me, she swept. She can not say, only any words, to difikelt it to do. She can not eati, only dring, so great thirst has. I suppose you must be prefiert, to receive a news of your oldt, will come in not lang time. Dr. Drotschmitt can not make, only gave medicine to shipping. The transportation can not be in this state of illness. Same news gave you of your mother p.Keul, who was in ...
send you and all famili many goods

Klodzko, 1.X. 1946.

Mr. Doktor

I was delighted to get your ..., many thanks for it. I beg your pardon, that I don't write often. I promis you to be better. Now I will write polish letter to miss Puvik, therfor I don't know so perfekt german and english language, to express, what I will. I get you a not good news, that your father is dead in 29.X. at 16 o'clock in Sam storeów. The dead came not expected. Many details I was written to miss Puvik in polish letter, which immediatle I send to her.
I beg your pardon for mistake, but I forgoten many english words, and I have not ...
Many goods

Zwei Postkarten von Herrn Ciezkowski

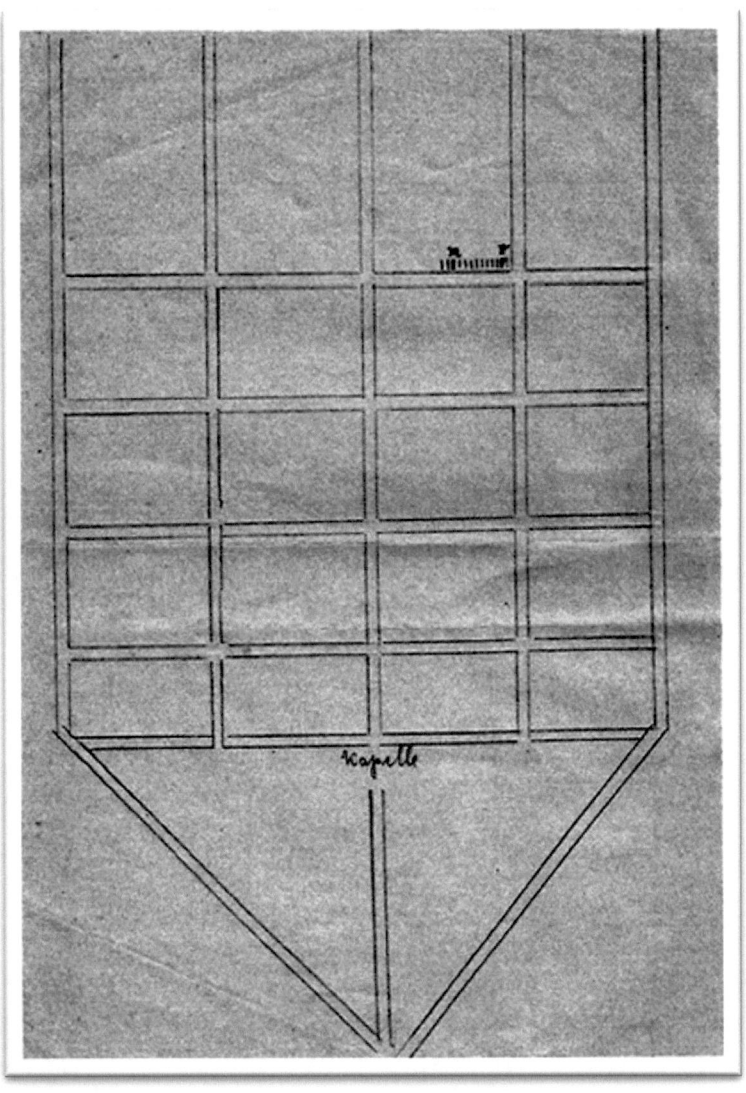

Lage der Gräber auf dem Neuen Friedhof in Glatz. Gezeichnet von
Paula Kasper, Schulsekretärin und Freundin der Familie

Glossar

Glatz wurde erstmals im Jahre 981 bei dem böhmischen Chronisten Cosmas von Prag als *castellum kladsko* erwähnt.

Auf dem für Verteidigungszwecke gut geeigneten felsigen Hügel am linken Neißeufer errichtete der Böhmenfürst Slavnik, Vater des Heiligen Adalbert, eine gegen Polen gerichtete hölzerne Burg. Diese Burg und der dazugehörige tschechische Marktflecken *Kladsko* wurden im Streit zwischen Böhmen und Polen mehrmals belagert und zerstört.

Nachdem Glatz 1114 kurzfristig an Polen geriet, ließ Soběslav von Böhmen 1129 die Burg noch stärker befestigen, um die wichtige Straße Prag–Nachod–Glatz–Breslau zu sichern.

Mit dem 1137 abgeschlossenen Pfingstfrieden von Glatz wurden die Streitigkeiten beendet und die Zugehörigkeit zu Böhmen festgelegt. Erster bekannter Burggraf von Glatz war 1169 Hroznata, dem 1175 Ryvín/Rivinus und 1177 der Witigone Witiko von Prčice folgten. Im 12./13. Jahrhundert wurde Glatz durch deutsche Siedler, die u. a. vom böhmischen König Ottokar II. Přemysl ins Land gerufen wurden, Mittelpunkt des bedeutenden und aufstrebenden Glatzer Landes. Unterhalb des Burgberges wurde eine ummauerte Stadt angelegt, die bereits 1114 als *urbs* (*Stadt*) bezeichnet wurde.

Das Hospital der Johanniter ist für 1183, die Johanniterkommende um 1243 und die nordwestlich der Burg gelegene Wenzelskirche für 1184 und die Marienkapelle auf dem Schlossberg für 1194 urkundlich belegt. Die deutsche Namensform *Glatz* ist erstmals für das Jahr 1223 nachgewiesen. 1275 war Glatz eine Stadt nach Magdeburger Recht. 1334 erwarb die Stadt die städtische Vogtei und damit eine eigene Gerichtsbarkeit.

Schon im 14. Jahrhundert war die Handwerkerschaft im Rat der Stadt vertreten. Von Bedeutung waren um diese Zeit die Tuchmacherei, die Leinweberei, verschiedene weitere Handwerke, die Bierproduktion und der Handel. Ihre herausragende Stellung zeigt sich darin, dass ihr bis ins 15. Jahrhundert alle anderen Städte des Glatzer Landes hinsichtlich der Abgaben und Dienstleistungen unterstellt waren. In den Hussitenkriegen konnte sich Glatz verteidigen und blieb von Zerstörungen weitgehend verschont. Nachdem 1454 der böhmische König Georg von Podiebrad das Glatzer Land erworben und es 1459 zur Grafschaft erhoben hatte, wurde Glatz Hauptstadt der gleichnamigen Grafschaft. Sein Sohn, Herzog Heinrich der Ältere von Münsterberg, erster regierender Graf von Glatz, verlegte seinen Wohnsitz in die Stadt Glatz und baute die Burg zu einem Schloss um.

Während der Reformation war Glatz ein Zentrum der Lehre Schwenckfelds und anderer Sekten. Im 16. Jahrhundert hob der böhmische König Ferdinand I. den Rechtszug nach Magdeburg auf und machte Prag zum Oberhof für die Glatzer Städte.

Nachdem der Rat der Stadt Glatz die Wahl des Winterkönigs Friedrich von der Pfalz anerkannt und auch nach der Schlacht am Weißen Berge zu ihm gehalten hatte, wurde die Stadt 1622 von den kaiserlichen Truppen besetzt. Es folgten Strafmaßnahmen gegen die Anführer und der Entzug von Privilegien. Während des Dreißigjährigen Krieges wurden 930 der damals 1300 Gebäude zerstört. Zu den Verwüstungen kam 1635 eine Pestepidemie, der 4000 Einwohner zum Opfer fielen, so dass die Stadt weitgehend entvölkert war. Auch 1680 wütete eine Pestepidemie, die 1500 Tote zur Folge hatte.

Während der Schlesischen Kriege wurde Glatz mehrmals belagert und erobert. Am 8. Januar 1741 erfolge der Angriff durch die Preußen unter Oberst Camas, der jedoch abgewehrt werden konnte. Am 9. Januar 1742 gelang den Preußen die Einnahme der Stadt, am 26. April d. J. auch die Einnahme der Festung.

Der österreichische Gegenangriff erfolge im Dezember 1744 unter General Georg Olivier von Wallis; im Januar 1745 mussten die Österreicher Glatz wieder aufgegeben. Am 26. Juli 1760 eroberte Gideon Ernst von Laudon nach nur achttägiger Belagerung Glatz sowie die Festung zurück. Nach dem Hubertusburger Frieden 1763 fiel Glatz endgültig an Preußen. Von den Kriegszerstörungen erholte sich die Stadt trotz der wirtschaftlichen Maßnahmen Friedrichs des Großen - nur langsam, war jedoch Ende des 18. Jahrhunderts ein wichtiges Handwerks- und Handelszentrum.

In den Napoleonischen Kriegen konnte Glatz durch Friedrich Wilhelm von Götzen d. J. verteidigt werden und blieb unbesetzt.

In der zweiten Hälfte des 19. Jahrhunderts stieg die Bevölkerungszahl durch neu erschlossene Baugebiete deutlich an. Gleichzeitig verlor die Festung Glatz ihre militärische Bedeutung und wurde als Gefängnis für politische Gefangene genutzt. Glatz blieb jedoch Garnisonsstadt. Die Verkehrserschließung durch die Eisenbahn (1874 nach Breslau, 1875 nach Mittelwalde, 1880 nach Waldenburg, 1890 nach Rückers, 1897 Seitenberg, 1902 nach Bad Reinerz und 1905 nach Bad Kudowa) hatte einen bedeutenden wirtschaftlichen Aufschwung zur Folge.

Als Folge des Zweiten Weltkriegs fiel Glatz 1945, wie fast ganz Schlesien, an Polen und wurde in *Kłodzko* umbenannt. Die deutsche Bevölkerung wurde vertrieben. Die neuen Bewohner waren ihrerseits zum großen Teil Heimatvertriebene aus Ostpolen, das an die Sowjetunion abgetreten werden musste.

Städtebauliche Entwicklung

Die planmäßige Stadtanlage mit einem gitterförmigen Straßennetz entstand am linken Neißeufer unterhalb des Burgberges. Sie war von einer Mauer umgeben, die von einer Reihe von Türmen gekrönt war und mehrere Tore und Pforten hatte. 1349 wurde durch den Prager Erzbischof Ernst von Pardubitz das Augustiner-Chorherrenstift Glatz gegründet und 1366 auf dem 9200 m² großen Ring das Rathaus errichtet.

Die bis heute erhaltene Brücktorbrücke wurde nach dem Vorbild der Prager Wenzelsbrücke im letzten Viertel des 14. Jahrhunderts erbaut. Der im 14. Jahrhundert am Platz einer Vorgängerkirche begonnene Bau der Pfarrkirche *Mariä Himmelfahrt* konnte um 1430 abgeschlossen werden. Um diese Zeit hatte Glatz etwa 250 Häuser und rd. 4000 Einwohner.

Friedrich der Große ließ in der zweiten Hälfte des 18. Jahrhunderts die Reste des Schlosses abtragen. Damit verschwanden auch die Überreste der mittelalterlichen böhmischen Grenz- und Königsburg. An ihrer Stelle erbaute er eine moderne Festung, die 1877 aufgehoben wurde. Zwischen 1880 und 1911 wurden die Stadttore und ein großer Teil der Stadtmauern abgerissen und Straßen und Grünanlagen angelegt.

Nach dem Zweiten Weltkrieg wurden mehrere Gebäude, darunter die Häuser der oberen Ringseite, dem Verfall preisgegeben. Westlich der Altstadt entstanden Neubauten mit Wohnungen sowie eine Kirche. Das Rathaus (Ratusz) wurde 1887-1890 nach Plänen des Architekten Ewald Berger im Neorenaissance-Stil errichtet. Die Mariensäule wurde von Hans Adam Beyerhoff 1682 zum Gedenken an die Pestopfer geschaffen.

Östlich des Rathauses steht der barocke Löwenbrunnen von 1700 mit dem doppelschwänzigen böhmischen Löwen.

Die Pfarrkirche Mariä Himmelfahrt (Kościół Wniebowzięcia NMP) wurde ab 1390 durch die Prager Bauhütte aus einem Vermächtnis des Prager Erzbischofs Ernst von Pardubitz an der Stelle einer Vorgängerkirche errichtet und 1624–1693 barockisiert. Sie ist die bedeutendste Stätte der Glatzer Kunst und hat eine reiche

Innenausstattung, an der namhafte Künstler beteiligt waren.

Der *Hauptaltar* wurde 1728–1729 nach einem Entwurf des Tiroler Architekten Christoph Tausch ausgeführt, von dem auch das Altarbild stammt. Die Schnitzwerke schuf der aus Bamberg stammende Bildhauer Johann Albrecht Siegwitz. Das *Gnadenbild* der Muttergottesfigur in der Mitte der Ädikula ist von etwa 1475.

Michael Klahr d. Ä. schuf den Mariä-Himmelfahrt-Altar, die Kanzel, den Orgelprospekt und die Beichtstühle.

Der Ignatiusaltar wurde 1712–1713 von Michael Kössler geschaffen.

Die Madonna mit dem Spatz, die ursprünglich in der ehemaligen Propsteikirche des Augustinerstifts stand, wird Peter Parler zugeschrieben.

Die Tumba des Ernst von Pardubitz, der auf seinen Wunsch in der Glatzer Pfarrkirche bestattet wurde, ist aus rotem Marmor. Sie wurde 1364–1370 im Umkreis von Peter Parler geschaffen. Den

Kenotaph für denselben (*kniende Marmorfigur*) schuf 1870 der Berliner Bildhauer Johannes Janda.

Die Minoritenkirche St. Maria und Kloster (Kościół NMP i klasztor franciszkanów), in der 1997 ein Hochwasser schwere Schäden anrichtete, wurde 1628–1631 erbaut. Die Neorenaissance-Ausstattung ist aus dem letzten Viertel des 19. Jahrhunderts. Im Refektorium des angrenzenden Klosters befinden sich Fresken von Felix Anton Scheffler von 1744.

Die St.-Georgs-Kirche (Kościół Św. Jerzego) wird bereits 1275 erwähnt. Sie wurde mehrmals neu aufgebaut und diente von 1834–1945 als evangelische Garnisonkirche.

Das ehemalige Jesuitenkollegium wurde 1654–1690 nach Plänen von Carlo Lurago durch die Baumeister Francesco Canevale und Andrea Carove errichtet. Nach Aufhebung des Jesuitenordens war es 1787–1945 katholisches Gymnasium. Heute Liceum Ogólnokształcące.

Das ehemalige Jesuitenkonvikt wurde 1664 nach einem Entwurf von Carlo Lurago durch A. Carove erbaut. Es beherbergt heute das Muzeum Ziemi Kłodzkiej.

Die gotische Brücke (Most gotycki na Młynówce) wurde in der Barockzeit mit sechs steinernen Figuren geschmückt.

Der Schlossberg mit der ehemaligen Festung (Twierza Główna) bietet eine weite Aussicht auf die Stadt und den südlichen Glatzer Kessel.

Auf dem Weg nach Königshain (Wojciechowice) die Marienwallfahrtsstätte „Maria Trost" auf dem Spittelberg.

Glatzer Persönlichkeiten

Ernst von Pardubitz (1300–1364), Erzbischof von Prag

Georg Emmerich (1422–1507), Pilgerfahrer, Kaufmann, Bürgermeister von Görlitz

David Origanus (1558–1628), deutscher Mathematiker, Philologe und Astronom

Karl II. von Liechtenstein-Kastelkorn (1623 oder 1624–1695), Bischof von Olmütz

Johann Christoph Schambogen (1636–1696) Professor und Rektor der Karls-Universität Prag

Johann Christoph Pezel (1639–1694), Komponist und Stadtpfeifer

Johann Georg Heinsch (1647–1712), böhmischer Maler

Michael Friedrich Graf von Althann (1680–1734), Bischof von Waitzen, Vizekönig des Königreichs Neapel und Sizilien, Kardinal

Johann Franz Hoffmann (1699–1766)
Barockmaler

Andreas Faulhaber (1713–1757 im Glatz),
römisch-katholischer Geistlicher

Friedrich Wilhelm Riemer (1774–1845),
Altphilologe, Sekretär von Johann Wolfgang von
Goethe

Karl Seydelmann (1793–1843), deutscher
Schauspieler

Friedrich Wilhelm Hemprich (1796–1825),
deutscher Naturforscher und Zoologe

Rudolf von Carnall (1804–1874), deutscher
Bergbau-Ingenieur

Paul Rogalla von Bieberstein (1835–1907),
preußischer Generalmajor und Familienforscher

Octavio von Zedlitz-Neukirch (1840–1919),
deutscher Politiker, Mitglied des Reichstages,
Mitglied des preußischen Abgeordnetenhauses

Robert von Dobschütz (1850–1927), königlich preußischer Generalmajor

Robert Kosch (1856–1942), preußischer Offizier, General

Emma Ihrer (1857–1911), deutsche Politikerin und Gewerkschaftlerin

Alfred Janeba (1869–1951), deutscher Politiker (Zentrumspartei)

Robert Karger (1874–1946), schlesischer Dialektdichter, Schriftsteller und Journalist

Leopold von Wiese (1876–1969), deutscher Nationalökonom und Soziologe

Otto Reche (1879–1966), deutscher Anthropologe und Ethnologe

Carl Bruck (1879–1944), deutscher Arzt und Dermatologe

Georg Wache (1886–1977), deutscher Politiker, Landtagsabgeordneter in Niedersachsen

Renée Sintenis (1888–1965), deutsche Bildhauerin und Graphikerin

Karl Franz Klose (1897–1984), deutscher Fotograf

Georg Neugebauer (1901–1984), deutscher Politiker, Reichstagsabgeordneter

Annelies Kupper (1906–1987), deutsche Opernsängerin

Gerhard Hirschfelder (1907–1942), Jugendseelsorger der ehemaligen Grafschaft Glatz und Widerstandskämpfer gegen den Nationalsozialismus

Ilse R. Wolff (1908–2001), deutsch-englische Herausgeberin und Verlegerin

Walter Kalot (1909–1996), deutscher Bildhauer, Grafiker und Maler

Fritz Rudolf Wüst (1912–1993), deutscher Althistoriker

Theodor Hubrich (1919–1992), römisch-katholischer Theologe und Bischof

Hans Richard Schittny (1924–2009), deutscher Apotheker und Schriftsteller.

Rosemarie Scheurlen (* 1925), saarländische Politikerin (FDP)

Wiegand Pabsch (* 1932), deutscher Jurist und Diplomat

Dieter Augustin (1934–1989), deutscher Schauspieler und Komiker

Klemens Jockwig (* 1936), deutscher Redemptorist, römisch-katholischer Theologe

Peter Hentschel (1939–2006), deutscher Jurist

Volker Issmer (* 1943), deutscher Historiker und Schriftsteller

Bogdan Zdrojewski (*1957), seit November 2007 polnischer Minister für Kultur und nationales Erbe

Jakub Szulc (* 1973), polnischer Politiker, stellvertretender Gesundheitsminister

Gefangene auf Festung Glatz

Herzog Wenzel von Jägerndorf

Georg Popel von Lobkowicz, böhmischer Adeliger und Politiker

Friedrich Freiherr von der Trenck, preußischer Offizier und Abenteurer

Karl Liebknecht, deutscher Politiker, Antimilitarist und Rechtsanwalt

Sophie Ursinus, Serienmörderin

Danksagung

Herzlichen Dank an Josef Reimers für die Überlassung der Originalpapiere. Ferner an alle journalistisch zugänglichen und urheberrechtlich unbedenklichen Quellen, die für eine gesicherte Recherche und Dokumentation unverzichtbar sind.

Dank auch an meine Frau Ute und meinen Sohn Robert, Nachkommen der in diesem Buch aufgeführten Personen, für Ihre Toleranz der mir eigenen Ungeduld bei komplexen und umfangreichen publizistischen Projekten.

Jörg Krogull

(*1957) Journalist, Publizist und Herausgeber der unter Exlibris Ebook Publishing erscheinenden Werke und Literatursammlungen.

Vormals langjähriger Creative Director international agierender Agenturen. Lebt er heute als Autor und Herausgeber mit seiner Familie in Bochum, schreibt Biographien, Bücher und kultur- sowie sozialwissenschaftliche Kolumnen, Beiträge und Essays für *Die Redaktion*.

ebook publishing

REDAKTION

PRODUKTION

LEKTORAT

KORREKTORAT

EXLIBRIS SERVICES

Presse- und Medienservice

Rezensionsexemplare, auch im epub-Format:
exlibris@krogull.org

Leserservice

Aktuelle Lesetipps und Empfehlungen:
http://www.krogull.org/eep-service.pdf

Exlibris Readers Shop:
http://exlibris-publish.spreadshirt.de

Autorenservice

Manuskripte und Projektvorschläge zunächst
ausschließlich als Word-Datei, maximal 1 Seite A4,
1500 Zeichen an: exlibris@krogull.org
Andere Formate werden nicht berücksichtigt,
keine Rücksendung.